BEI GRIN MACHT SICH IHR WISSEN BEZAHLT

- Wir veröffentlichen Ihre Hausarbeit, Bachelor- und Masterarbeit
- Ihr eigenes eBook und Buch - weltweit in allen wichtigen Shops
- Verdienen Sie an jedem Verkauf

Jetzt bei www.GRIN.com hochladen und kostenlos publizieren

Bibliografische Information der Deutschen Nationalbibliothek:

Die Deutsche Bibliothek verzeichnet diese Publikation in der Deutschen Nationalbibliografie; detaillierte bibliografische Daten sind im Internet über http://dnb.d-nb.de/ abrufbar.

Dieses Werk sowie alle darin enthaltenen einzelnen Beiträge und Abbildungen sind urheberrechtlich geschützt. Jede Verwertung, die nicht ausdrücklich vom Urheberrechtsschutz zugelassen ist, bedarf der vorherigen Zustimmung des Verlages. Das gilt insbesondere für Vervielfältigungen, Bearbeitungen, Übersetzungen, Mikroverfilmungen, Auswertungen durch Datenbanken und für die Einspeicherung und Verarbeitung in elektronische Systeme. Alle Rechte, auch die des auszugsweisen Nachdrucks, der fotomechanischen Wiedergabe (einschließlich Mikrokopie) sowie der Auswertung durch Datenbanken oder ähnliche Einrichtungen, vorbehalten.

Impressum:

Copyright © 2017 GRIN Verlag
Druck und Bindung: Books on Demand GmbH, Norderstedt Germany
ISBN: 9783668642683

Dieses Buch bei GRIN:

https://www.grin.com/document/412288

Robert Bastei

Data Science und Big Data. Eine Übersicht

GRIN Verlag

GRIN - Your knowledge has value

Der GRIN Verlag publiziert seit 1998 wissenschaftliche Arbeiten von Studenten, Hochschullehrern und anderen Akademikern als eBook und gedrucktes Buch. Die Verlagswebsite www.grin.com ist die ideale Plattform zur Veröffentlichung von Hausarbeiten, Abschlussarbeiten, wissenschaftlichen Aufsätzen, Dissertationen und Fachbüchern.

Besuchen Sie uns im Internet:

http://www.grin.com/

http://www.facebook.com/grincom

http://www.twitter.com/grin_com

Data Science und Big Data

Fakultät für Informatik und Elektrotechnik, Uni Rostock

Zusammenfassung. Der Beruf des Data Scientist umfasst Aspekte aus Mathematik, Informatik und Wirtschaft und nutzt diese mit Big-Data-Technologien, um Verbesserungen in vielen Bereichen des Lebens hervorzurufen.

Schlüsselwörter: Data Science, Big Data

1 Einführung

Die Begriffe „Data Science" und „Big Data" sind neben der „Cloud" und „KI" die wohl am häufigsten genutzten Buzzwords der letzten Jahre. Sie werden in Verbindung gebracht mit dem exzessiven Datensammelwahn großer Konzerne und werfen Datenschutzbedenken auf und bieten gleichzeitig unendliche Möglichkeiten zur Vorhersage und Analyse von Verhalten. Die Wichtigkeit von Big Data und den damit verbundenen Technologien erreicht mittlerweile immer mehr Unternehmen und macht so eine Verbindung zwischen Geschäftswelt und Wissenschaft nötig.

2 Der Beruf Data Scientist

Nach einer Studie von Manyika et al. [8] beherbergen alleine Open-Data-Quellen ein Wertschöpfungspotential von 3-5 Mrd. $USD in verschiedensten Bereichen der Wirtschaft, u.a. im Bildungs- und Transportsektor (siehe Abbildung 1). Eine weitere Studie der Autoren erwartet für das Jahr 2018 eine Knappheit von 140.000-190.000 Data Scientists alleine in den USA. ([7]) Das Feld der Datenanalyse bietet also in Zukunft ein großes Potential sowohl für Firmen, als auch für Hochschulabsolventen auf der Suche nach einer sicheren Anstellung. Diese schaffen den Einstieg in den Beruf als Data Scientists hauptsächlich über ein Studium in Statistik und Informatik und werden aktuell hauptsächlich in Versicherungen angestellt. ([4]) Dies ist kein Zufall, da besonders in dieser Branche Analysen mit großen Datenmengen, über das Alter, den Beruf oder die Interessen des Kunden durchgeführt werden können. Diese ermöglichen es dem Versicherer daraufhin, dass Risikopotential eines potentiellen Kunden zu bestimmen, um damit mögliche Kosten abzuschätzen.

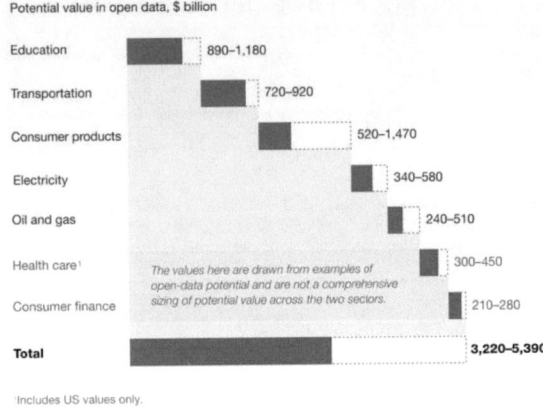

Abb. 1. Potential in Open-Data-Quellen (Manyika et al. [8])

2.1 Anforderungen[1]

„Ein Data Scientist ist eine Berufsbezeichnung für einen Mitarbeiter oder einen Business-Intelligence (BI) -Berater, der Unternehmen bei der Analyse von Daten unterstützt beziehungsweise diese vollständig in Eigenregie ausführt. Analysiert werden dabei insbesondere Big Data - also große Mengen an strukturierten, unstrukturierten und semistrukturierten Daten, die ein Unternehmen produziert. Von der Analyse versprechen sich Geschäftsführer und Manager entscheidende Wettbewerbsvorteile."

— Rouse

Da der Beruf des Data Scientists wie im Zitat von Rouse oben erwähnt viele Aspekte umfasst, werden unterschiedlichste Kompetenzen erwartet. So muss es Data Scientist umfassendes Wissen zu Technologien des Datensammlung, der Speicherung, Verarbeitung & Analyse sowie zur Auswertung besitzen. Er muss in der Lage sein, effiziente und passende Systeme mithilfe von entsprechenden Technologien zu designen. Dabei spielen u.a. die Wahl eines passenden Datenbanksystems, sowie die Nutzung von Lastverteilungstechnologien eine Rolle. So kann es bei „geringen" Datenmengen genügen, eine MySQL-Datenbank zu nutzen, während zur Erfassung von großen Mengen von Daten in kurzer Zeit die Verwendung einer NoSQL-Datenbank wie MongoDB Sinn macht. In diesem Kontext

---
[1] (Fasel and Meier [4], S. 63)

sollte er sich außerdem über die Auswirkungen auf z.b. die Datenkonsistenz im Klaren sein. Zur Verarbeitung der Daten sollte der Data Sciencist in der Lage sein, Scripts u.a. zur Bereinigung und Homogenisierung von Datensätzen in einer Sprache wie R oder Python umzusetzen und schließlich auch in diesen Analysen durchzuführen.

Hierzu ist es von Nöten, dass neben dem Wissen im informatischen Bereich auch Kenntnisse aus dem statistischen Sektor vorhanden sind. So sollte der Analyst in der Lage sein, Vorhersagen und Analysen sowohl mit klassischen Methoden wie der Regression oder durch Random-Forests als auch durch moderne Techniken des Machine-Learnings. Auch Wissen über den fachgerechten Umgang mit fehlerhaften Daten, sowie mit großen Abweichungen sollte vorhanden sein.

Um unternehmenserelevante Probleme zu erkennen und mithilfe seiner Analyse zu lösen, benötigt der Data Scientists außerdem tiefgreifendes Wissen über die entsprechende Geschäftsdomäne. So muss ein Analyst in einer Versicherung Wissen über verschiedene Risikoklassen sowie die Funktionsweise bestimmter Versicherungen besitzen, um so relevante Vorhersagemodelle zu generieren. Zusätzlich zur unternehmerischen Betrachtung spielt auch die Kenntnis und Einhaltung von Gesetzen und Richtlinien, insbesondere bezüglich des Datenschutzes und der Datensicherheit eine wichtige Rolle.

Schlussendlich müssen die gesammelten Erkenntnisse häufig der Managementebene zur weiteren Entscheidungsfindung präsentiert werden. Dazu ist es wichtig, dass der Analyst in der Lage ist, seine Erkenntnisse anschaulich und leicht verständlich darzustellen und zu kommunizieren. Hilfreich sind hierbei vor allem Diagramme. Des weiteren kann die Visualisierung von Daten dabei helfen, Zusammenhänge oder Auffälligkeiten in den gesammelten Daten zu erkennen und bietet als sogenannte „Visual Analytics" einen wichtigen Ausgangspunkt zur Untersuchung der Daten.

3 Analyse-Technologien[2]

Die im vorherigen Abschnitt erwähnten Analysetechniken lassen sich in unterschiedliche Gebiete basiert auf der Art und Form der vorliegenden Daten, sowie dem Ziel der Analyse klassifizieren. Diese werde ich im folgenden kurz vorstellen und aktuelle Forschungen in den jeweiligen Kategorien aufzeigen.

3.1 Text-Analyse

Der Schwerpunkt der Text-Analyse liegt auf der Informationsgewinnung aus Daten, die in Textform vorliegen. So können z.B. Stimmungen und Meinungen aus Social Media Posts extrahiert werden (Pang and Lee [9]) oder große Mengen an textuellen Produktbewertungen für Kunden automatisch zusammengefasst werden (Hu and Liu [6]). Häufig genutzt werden in diesem Zusammenhang u.a.

---
[2] (Chen et al. [3])

Markow-Chains und sogenannte n-grams, dies sind im Text auftauchende Kombinationen von n Wörtern. Aktuelle Forschungen im Gebiet der Text-Analyse befassen sich z.b. mit der Bestimmung von Themen eines Textes sowie dem Verstehen und Beantworten von Fragen, welches heutzutage vor allem in Sprachassistenten genutzt wird.

3.2 Web-Analyse

Im Bereich der Web-Analyse dreht sich vieles um die Optimierung von Websites, sowie die Maximierung von Aufrufen und Vorschlägen. Häufig fällt in diesem Zusammenhang auch der Begriff der Suchmaschinenoptimerung. Neben der einfachen Leistungssteigerung von Webseiten ist in den letzten Jahren auch das Vorschlägen von möglichst gut passenden Zielseiten für den Kunden wichtig geworden. Dies ist u.a. bei zum Anbieten von relevanten Produkten in Online-Shops wichtig oder um Kunden von Webstreaming-Anbietern wie Netflix oder Spotify möglichst ihrem Geschmack entsprechende Vorschläge zu unterbreiten. In Zukunft wird es mit der Analyse von sozialen Netzwerken immer mehr zu Überschneidungen mit der im folgenden näher spezifizierten Netzwerk-Analyse kommen.

3.3 Netzwerk-Analyse

Das Feld der Netzwerk-Analyse umfasst die Untersuchung von Graphen aller Art. Dies sind aktuell u.a. die bereits erwähnten sozialen Netzwerke, bei denen vor allem das akkurate Vorschlagen von möglicherweise interessanten Person im Vordergrund steht, wichtig. Außerdem fällt in diesen Bereich auch die Bestimmung der Relevanz und Durchdringung eines Fachbereiches durch eine wissenschaftliche Arbeit. Dies kann unter anderem durch die Analyse von Zitierungen sowie der Menge an Zitierenden erreicht werden. Aktuell gibt es erste Ansätze um Polizeieinsätze durch Analyse mittels Machine-Learning effizienter zu machen und Verbrechen vorzubeugen. (Chao et al. [2])

3.4 Mobile-Analytics

Der Bereich der Mobile-Analytics ist ein relativ junger Bereich, der erst durch das Aufkommen von internetfähigen Smartphones Anfang des Jahrhunderts an Relevanz gewann. Dabei dreht sich ein Großteil der aktuellen Forschung um kontextbezogene, sensorgesteuerte Aktionen und Untersuchungen. So können Smart-Home-Anwendungen basierend auf dem Standort des Nutzers der mithilfe des GPS des Mobilgerätes ermittelt z.b. die Heizung beim Verlassen des Hauses automatisch herabregulieren. Auch der Erkennung von gesitigen Krankheiten wie Alzheimer, sowie die Fortschrittsüberwachung und aktive, interaktive Behandlung von Patienten ist ein aktuelles Forschungsthema. (Gravenhorst et al. [5]) Schließlich macht die ständige Verbindung mit dem Internet auch kontextbezogene Werbung möglich. So kann z.B. einem Kunden der gerade in einem Supermarkt ist automatisch relevante Werbung zu aktuellen Angeboten in diesem Geschäft angezeigt werden. (Aalto et al. [1])

Data Science und Big Data 5

3.5 Big-Data-Analyse

Schließlich gibt es den großen Bereich der Big-Data-Analyse der alle bereits genannten Technologien enthält und diese durch Anwendung auf große Datenmengen potentiell verbessert. Dabei beschäftigt sich dieses Themengebiet auch mit den Systemen rund um große Datenmengen. So spielt u.a. die Speicherung und Verwaltung sowie Erfassung von großen Datenmengen eine wichtige Rolle. Auch infrastrukturelle Systeme wie Data Warehouses und das Load-Balancing über Technologien wie Map Reduce sind aktuelle Forschungsschwerpunkte. Zusätzlich dazu ermöglichen erst diese großen Datenmengen die effektive Nutzung von neuralen Netzwerken und dem damit verbundenen Machine-Learning. Dieses kann nur durch viele Datensätze sinnvoll zur Optimierung von Algorithmen durch ausreichend mächtige Trainings- und Test-Sets durchgeführt werden.

4 Use Cases[3]

Nachdem in den vorherigen Abschnitten der Beruf des Data Scientists mit seinen Anforderungen und den verwendeten Technologien betrachtet wurden möchte ich nun einige exemplarische Arbeiten eines Data Scientists vorstellen.

4.1 Use Case: Markt Monitoring

Im ersten Use Case geht um ein Onlineportal, dass Kunden nachhaltige, gesunde Produkte vorschlägt. Die komplette Nutzung ist dabei ohne Nutzerkonto möglich, da es keine eigene Bewertungsfunktion gibt und Verkäufe über Drittanbieter abgewickelt werden. Aufgrund dieser Anonymität und dem Fehlen von Feedback ist es schwierig, die Empfehlungen zu verbessern, da keine Bewertungen ausgewertet und keine Benutzerpräferenzen gespeichert werden können.

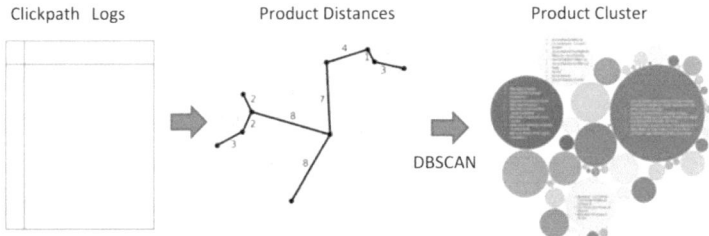

Abb. 2. Ablauf Markt Monitoring Analyse (Fasel and Meier [4])

---

[3] (Fasel and Meier [4], S.69-72)

4.2 Use Case: Customer-Relationship-Management

Um trotzdem eine Verbesserung von Vorschlägen durchführen zu können werden zwei Ansätze verfolgt. Zum einen sollen die Klickpfade von Kunden mithilfe eines Data Warehouses analysiert werden, zum anderen unter Zuhilfenahme von Machine-Learning Produkte in Cluster eingeteilt werden. (siehe Abbildung 2) Das Ergebnis ist ein immer noch anonym nutzbares Portal, welches sich automatisch Empfehlungen optimiert und Kunden durch Gruppierung von ähnlichen Produkten Möglichkeiten zur Filterung bietet.

In unserem zweiten Anwendungsfall geht es um die Optimierung eines CRMs. Klassische Customer-Relationship-Management-Systeme zielen auf eine Maximierung der Kundenzahl ab, egal ob diese profitabel sind oder nicht. Mithilfe von Big-Data-Analyse soll nun ein Vorhersagemodell zur Bestimmung des Lebenswertes eines Kunden, d.h. des Umsatzes den ein Kunden in der Zeit beim Unternehmen generiert, erstellt werden. Dazu wird das mögliche Kundenverhalten mithilfe eines Zustandsgraphen modelliert. (siehe Abbildung 3). So kann in unserem Fall ein Kunde z.B. von einem Probeabo zu einem Festabo wechseln oder aber sein Abonnement kündigen. Als zweite Komponente werden außerdem 3 Vorhersagemodelle für die Verweildauer, die Übergangswahrscheinlichkeit zwischen Zuständen sowie den im jeweiligen Zustand generierten Umsatz benötigt. Die Nutzung von vielen Datensätzen ermöglicht es uns, diese Modelle mit einer großen Präzision zu generieren und zu validieren, so dass am Ende relativ genaue Vorhersagen getroffen werden können.

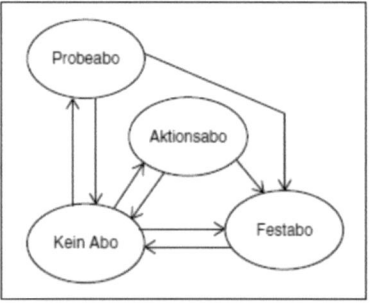

Abb. 3. Verhaltensmodellierung im Beispiel von Zeitungen (Fasel and Meier [4])

Data Science und Big Data 7

4.3 Use Case: Predictive Maintenance

Unser letztes Beispiel behandelt schließlich ein Problem in der Luftfahrtindustrie. Da Flugzeugteile häufig bis zum Ausfall genutzt werden, kommt es aufgrund der scheinbaren Zufälligkeit dieser häufig zu Lieferengpässen von Ersatzteilen und damit verbunden zu Verspätungen. Mithilfe von Daten die während und nach dem Flug gesammelt werden (siehe Abbildung 4) und der Nutzung von statistischen Verfahren wie Mahalanobis-Distanzen werden nun Ausfälle vorhergesagt. Durch diese Vorhersagemodelle können nun Komponentenausfälle mehrere Tage im voraus erkannt werden und so Lieferprobleme vermieden werden.

Abb. 4. Datenquellen zur Ausfallvorhersage (Fasel and Meier [4])

5 Fazit

Der Beruf des Data Scientist bietet in der heutigen Zeit ein riesiges Potential zu Verbesserung in vielen Bereichen des Lebens. Berufseinsteiger müssen Kenntnisse und Fähigkeiten in diversen Disziplinen besitzen die neben der Mathematik und Informatik auch wirtschaftswissenschaftliche Aspekte umfassen. Während seiner Arbeit kann der Data Scientist in verschiedenen Bereichen von Social Networks bis zur Kriminalitätsbekämpfung arbeiten und dabei seine Analysen durch die Nutzung von Big-Data-Technologien vereinfachen und aufwerten.

Literaturverzeichnis

[1] Aalto, L., Göthlin, N., Korhonen, J., Ojala, T.: Bluetooth and wap push based location-aware mobile advertising system. In: Proceedings of the 2Nd International Conference on Mobile Systems, Applications, and Services. pp. 49–58. MobiSys '04, ACM (2004), http://doi.acm.org/10.1145/990064.990073

[2] Chao, Z., Manish, J., Ripple, G., Arunesh, S., Miljnd, T.: Learning, predicting and planning against crime: Demonstration based on real urban crime data (demonstration). In: AAMAS 2015 - Proceedings of the 2015 International Conference on Autonomous Agents and Multiagent Systems, vol. 3, pp. 1911–1912. International Foundation for Autonomous Agents and Multiagent Systems (IFAAMAS) (2015)

[3] Chen, H., Chiang, R.H.L., Storey, V.C.: Business intelligence and analytics: From big data to big impact. MIS Quarterly: Management Information Systems 36(4), 1165–1188 (2012)

[4] Fasel, D., Meier, A.: Big Data: Grundlagen, Systeme und Nutzungspotenziale. Springer Science and Business Media, Wiesbaden (2016)

[5] Gravenhorst, F., Muaremi, A., Bardram, J., Grünerbl, A., Mayora, O., Wurzer, G., Frost, M., Osmani, V., Arnrich, B., Lukowicz, P., Tröster, G.: Mobile phones as medical devices in mental disorder treatment: An overview. Personal and Ubiquitous Computing 19(2), 335–353 (2015), https://doi.org/10.1007/s00779-014-0829-5

[6] Hu, M., Liu, B.: Mining opinion features in customer reviews. In: Proceedings of the 19th National Conference on Artifical Intelligence. pp. 755–760. AAAI'04, AAAI Press (2004), http://dl.acm.org/citation.cfm?id=1597148.1597269

[7] Manyika, J., Chui, M., Brown, B., Bughin, J., Dobbs, R., Roxburgh, C., Byers, A.H.: Big data: The next frontier for innovation, competition, and productivity (2011)

[8] Manyika, J., Chui, M., Farrell, D., van Kuiken, S., Groves, P., Doshi, E.A.: Open data: Unlocking innovation and performance with liquid information (2013), https://www.mckinsey.com/business-functions/digital-mckinsey/our-insights/open-data-unlocking-innovation-and-performance-with-liquid-information

[9] Pang, B., Lee, L.: Opinion mining and sentiment analysis. FNT in Information Retrieval (Foundations and Trends in Information Retrieval) 2(1–2), 1–135 (2008)

[10] Rouse, M.: Was ist data scientist? - definition von whatis.com (2015), http://www.searchenterprisesoftware.de/definition/Data-Scientist

BEI GRIN MACHT SICH IHR WISSEN BEZAHLT

- Wir veröffentlichen Ihre Hausarbeit, Bachelor- und Masterarbeit

- Ihr eigenes eBook und Buch - weltweit in allen wichtigen Shops

- Verdienen Sie an jedem Verkauf

Jetzt bei www.GRIN.com hochladen und kostenlos publizieren